# Sonnets qu'un au revoir

*PIERRE MOUGEY*

# Sonnets qu'un au revoir

© 2018, Pierre Mougey

Édition : BoD – Books on Demand
12/14 rond-point des Champs-Élysées, 75008 Paris
Impression : Books on Demand GmbH, Norderstedt, Allemagne
ISBN : 978-2-3221-2892-1
Dépôt légal : janvier 2019

*Ecoutant du Parker*
*Chaque jour*
*Sur les parkings,*
*Je te sais par cœur*
*Je te parcours,*
*Long live the King !*

*Soleils bruissant.*

*Le parfum que tu exhales*
*Coincée dans ton exil*
*Où vrai tu excelles,*
*Et notre passion exacte*

*Entends les étoiles ivres*
*Et leurs plaintes si vives*
*Qui toutefois me délivrent*
*J'ai un rêve à poursuivre*

*Rose dort sous le chêne*
*Gracieuse et nue*
*Au loin sa peine,*
*Juste de soleil vêtue*

*J'ne puis vivre sans désir*
*Je n'puis vivre sans Daisy*
*Ma Muse qui m'inspire,*
*Cela va sans dire*

*La mine hagarde*
*J'existe par mégarde*
*Sous la lune blafarde,*
*De Daisy j'suis malade*
*Je cauchemarde*
*A vivre j'm'hasarde*

*Je réexiste à tout.*
*A word is like a sword to tell the world.*
*Le vent s'invite*
*Le vent se vante*
*Le vent s'invente*
*Oh l'épouvante !*




*Tendre rêverie*
*A Ivry*
*Où tu me ravis*
*Où je revis*

*Je n'ai point d'âme*
*Je n'ai point Dame,*
*Que Dieu me damne,*
*I'm down*


*D'antan je me rappelle,*
*Souvenirs en rafales,*
*De toi je raffole*
*O ma Raphaëlle !*
*D'antan je me rappelle,*
*Souvenirs en rafales,*
*De toi je raffole*
*O ma Raphaëlle !*
*Cet heureux mortel*
*Chaque hiver il s'isole,*
*Chaque vers il cisèle*
*Il a Laure pour idole*

*Mon art est vif*
*J'peins sur le motif*
*J'suis pas fautif,*
*C'est mon leit-motiv*




*La terre est plate*
*Cela m'épate,*
*C'que j'm'éclate*
*Ça fera date !*
*Cet heureux mortel*
*Chaque hiver il s'isole,*
*Chaque vers il cisèle*
*Il a Laure pour idole*

*Mon art est vif
J'peins sur le motif
J'suis pas fautif,
C'est mon leit-motiv*

*La terre est plate*
*Cela m'épate,*
*C'que j'm'éclate*
*Ca fera date !*
*Daisy tu apparais*
*Et me voilà ravi,*
*Alors je revis*
*J'en ai tant rêvé !*

*Comme je t'adorais*
*Je te le redis*
*A l'infini*
*Sur un air en La Do Ré*

*Ton sommeil profond*
*Toi à l'abandon,*
*Bonheur abondant*

*Nous sommes immenses*
*Dans la lumière intense,*
*Par beau temps nos cœurs battants !*

*Cet heureux mortel*
*Chaque hiver il s'isole,*
*Chaque vers il cisèle*
*Il a Laure pour idole*

*Mon art est vif*
*J'peins sur le motif*
*J'suis pas fautilf,*
*C'est mon leit-motiv*

*La terre est plate*
*Cela m'épate,*
*C'que j'm'éclate*
*Ca fera date !*

*Oubliant de rade en rade*
*DE toi les mille fables,*
*Fou de Liz comme un malade*
*Dieu ! Ton départ m'accable*

*Heureux, si heureux parfois,*
*Te rappelles-tu les parfums*
*DE naguère alors enfants ?*
*Liz, je te retrouve enfin*




*On étoffe ici !*

*Laure souvenante,*
*Tu dis et chantes*
*De denses stances*
*A cet instant intense*

*Laure souvenante,*
*Tu dis et tu chantes*
*D'intenses stances*
*A cet instant dense*

*Liz j'aime ton parfum,*
*Je te quitte parfois,*
*Ton corps parfait*
*Proche de la pureté,*
*Et si tu partais*
*Hors de ma portée*
*Tu sais j'en pâtirais*

*As-tu ma Liz soudaine*
*Toi ma souveraine*
*Bonne souvenance*
*Des sensass sixties*
*Si sensuelles ?*

*Dès que passent les averses,*
*La musique des flots qui me berce,*
*Et les nuages qu'un soleil perce*
*Qui m'irradie et me traverse,*
*Je ne lis pas Saint-John Perse*

*Dès que passent les averses,*
*La musique des flots qui me berce,*
*Et les nuages qu'un soleil perce*
*Qui m'irradie et me traverse,*
*Je ne lis pas Saint-John Perse*

*Dès que passent les averses,*
*La musique des flots qui me berce,*
*Et les nuages qu'un soleil perce*
*Qui m'irradie et me traverse,*
*Je ne lis pas Saint-John Perse*

*Je me souvins*
*Que soudain*
*Et très souvent*
*Vincent s'en vint*

*Ce type sanguin*
*Allait sous le vent*
*Nul ne le saluant*
*Comme il battait son sang !*


*Cherchez encore la rime*
*Le vers précis, ultime,*
*O mes amis poètes !*
*L'art reste une fête,*

*Buvez à mon départ*
*Sonnet qu'un au revoir !*

*Une sorte de salut*
*Du temps disparu,*
*Temps pur, temps nu,*
*Et la lumière flux !*




*Marthe allait juste vêtue d'un ciel bleu*
*limpide par un bel été orgueilleux.*
*Cet heureux mortel*
*Chaque hiver il s'isole,*
*Chaque vers il cisèle*
*Il a Laure pour idole*

*Mon art est vif
J'peins sur le motif
J'suis pas fautilf,
C'est mon leit-motiv!*




*Prendre garde
Au Diable
Malade
Impensable,
Ce coquin s'attarde
La mine blafarde,
Copain de la camarde
Lui avec ses fables,
Lui et ses tocades*

*La terre est plate,*
*Cela m'épate,*
*C'que j'm'éclate !*
*Ca fera date !*
*Cet heureux mortel*
*Chaque hiver il s'isole,*
*Chaque vers il cisèle*
*Il a Laure pour idole*


*Mon art est vif*
*J'peins sur le motif*
*J'suis pas fautif,*
*C'est mon leit-motiv!*

*Prendre garde
Au Diable
Malade
Impensable,
Ce coquin s'attarde
La mine blafarde,
Copain de la camarde
Lui avec ses fables,
Lui et ses tocades*


*La terre est plate,
Cela m'épate,
C'que j'm'éclate !
Ca fera date !
Dis mais tu meurs ?
Non je demeure
Allons ! C'est l'heure
Au loin tes peurs*

*Mon cœur qui bat*
*Avec fracas,*
*Fantasque et braque*
*Ce cœur foutraque*

*Les fantômes m'émeuvent*
*Le matin aux teintes mauves,*
*Ton amour, Rose, me sauve*
*Pour toi une passion neuve*

*Louise hors du temps*
*Femme qui foudroie*
*Flamme qui rougeoie*
*Dans mon cœur constant*

*L'âme où règne*
*L'amour-haine*
*Qui daigne ?*
*Qui saigne ?*

*Dans la fumée du triste bar*
*Où même Dieu s'égare,*
*Je termine mon cigare*
*Allez ! J'm'barre !*




*J'ai remué ciel et terre*
*Pour te perdre ma Chère,*
*Vivement je t'oublie,*
*C'est quoi cette mélodie ?*

*DE la nuit l'aveu*
*Du jour le fracas,*
*L'orage dans tes yeux*
*Eclate et foudroie*



*Mourrai-je seul et damné ?*
*Visions enfiévrées,*
*Et toujours le diable riait,*
*Je te hais dans le verger*

*Have you seen the disaster*
*My very dear Sister ?*
*La voix disant : Remember*
*Dans la nuit veinée d'éclairs*

*Dans l'au-delà*
*Et ses couleurs ivres,*
*Qui sonne le glas ?*
*S'écoule l'heure vive*

*Ombres fulgurantes au midi dense,*
*D'elle j'ai souvenance,*
*Tu es de mille feux parée*
*D'une vive lumière d'été brûlée*


*Mon amour mon aimée*
*Toujours à la mort à la vie ?*
*Déjà nous guette l'oubli*
*Nous étions faits pour nous quitter*

*C'est comme une voix qui gémit
Disant tu manques de génie
Je me retourne, qui me parle ?
On me répond : mais ya pas d'mal !*

*4 vers misère !
Mais pour quoi faire ?
Afin que naissent
Les quatrains-express !*

*Ah, riche idée, tu mendieras des nouvelles !*

*Là-bas mon cœur,*
*Là bat mon cœur,*
*Mon cœur las bat*
*Sans fin se débat*

*As-tu vu comment ont jailli*
*CE matin du jardin les roses ?*
*Sais-tu qu'âpre fut la nuit ?*
*Vois filer les ombres écloses !*




*Affolées les ombres messagères,*
*Fuient une peine ancienne*
*L'écho d'une guerre lointaine*
*Résonnant aux confins du désert*

*Vaste, profond est mon cœur-océan*
*Envahi d'angoissants tourments,*
*L'âme criblée de délires ardents*
*Je crie : Qui vive ? Mais nul ne m'entend*




*Longtemps je me suis caché du bonheur*

*Par un vif vent*
*Mille souvenances*
*M'emportent vivant,*
*Là finit ma stance*

*Schumann Dimanche La pluie*
*La folie m'assaille*
*Contre elle je bataille,*
*Vivant vaille que vaille,*
*Géniale trouvaille,*
*Allez ! Bye bye !*

*Rose, chuis à moitié fou*
*J'boirai plus comme un trou,*
*Je nargue la Faucheuse*
*N'es-tu pas heureuse ?*
*Mes tourments sont loins*
*Et mes démons anciens*


*Chaque vers il cisèle*
*Chaque hiver il s'isole,*
*Ayant pour idole*
*La si belle Estelle*

*Un bouquet de rêves
Quand le jour se lève,
Et quand souffle la brise
Un bouquet de hantises*

*Les battements exacts
De ton cœur intact,
Prêt pour l'attaque,
Au point d'impact,
Oublies-tu notre pacte ?
Baby come back !*

*Tu me quittes tout à trac,*
*Daisy mon art est cardiaque,*
*Et mon cœur foutraque,*
*Love please come back !*




*Mauvaises habitudes*
*De tous temps,*
*Tremblant vacillant*
*Mauvaises hébétudes*

*Chut ! Bruissement d'Elle,*
*L'entends-tu la vois-tu ?*
*Silencieuse et nue,*
*Conquérante et mortelle*




*Quelles sont tes armes*
*Pour combattre ?*
*Quelles sont ces larmes*
*Qui coulent âpres ?*

*Mon cœur bat la breloque,*
*Te voir est un choc,*
*Quoi ? Si j'débloque ?*
*Mais dis tu te moques !*
*Mon âme je vends contre un bock,*
*Allez danse sur ce rock,*
*Dieu quelle époque !*


*D'aucuns disent*
*Qu'après 2 ou 3 gin-fizz*
*Et l'aide de ma Muse,*
*Que mon génie fuse,*
*Ah ! Mille excuses !*
*Serait-ce une ruse ?*

*Les mots rageurs*
*Les mots rougis,*
*Les mots vendeurs*
*L'hémorragie*




*No more rain*
*No more pain,*


*Rose tu resplendis,*
*Ton désir se répandit,*
*On eût dit qu'il me répondît,*
*Et sur la terre rebondît*

*Le pluriel
D'arc-en-ciel
Des arcs anxieux ?
Tiens, c'est curieux !*




*Fidèle mon cœur bat,
Brave il se bat,
Mon cœur se débat
Et bien au-delà*

*Quel sera mon sort ?*
*Si jamais je m'en sors ?*
*Dites-le moi douces sœurs*
*En douceur à la douce heure*

*Le bonheur est lent,*
*Et le spleen opulent,*
*Le dos courbé, allant*
*Bientôt un nouvel élan*

*Aurais-tu vendu ton âme*
*Et ainsi perdu ton charme ?*
*Ce serait là un drame,*
*Assez assez de larmes !*
*(mais c'est quoi ce vacarme ?)*


*Gladys ta fugue*
*Vrai me subjugue*
*5 ou 6 notes*
*Qui me bottent !*

*Tu dis avoir frissonné*
*Tel un boxeur sonné*
*Conquérant des sommets*
*O l'ivresse des sonnets !*

*J'incarne, je suis l'heureux nouveau. Ce matin je me suis levé comme un seul homme. Je bois avant d'oublier.*

*Je t'offre, Louise, un bouquet d'étoiles esseulées cueillies dans un coin d'aurore. Symphonie pour souvenirs en rafales ombres fougueuses et diables térébrants.*




*Mon amour inédit pour
Louise au front nuancé de mille feux.
Court récit de mon cœur-récif.
Cauchemar cache-maux cache-morts.
L'artiste maudit ne dit mot.*

*Impériale Rose aux gris yeux,*
*Louise soudaine au cri bleu*
*A l'aube les fantômes s'évanouissent*
*Mais qui nous parlera de Jadis ?*




*- A quoi rêvent tes mains ?*
*- Ta chevelure est pleine de nuit*
*- Tu trembles, n'es-tu pas serein ?*
*- De ma solitude l'orgie*

*L'alcool n'est pas un problème puisqu'il est une solution.*

*J'y pense donc j'y suis.*

*Tu as huit amants nuitamment ?*
*Tu m'en diras tant !*




*l is the samedi*
*I call your name*

*Always the same story*
*Of the sentry in the century*
*Watching over the saint tree*
*In the old cemetery*




*My charming love*
*Ton enfance-louve,*
*Les cieux mauves s'ouvrent*
*Tes pensées m'émeuvent*
*Trouverai-je ce qui sauve ?*

*Un livre délivre*
*Ce mélodieux Mozart se mêle aux dieux*




*Puet-être saoul*
*O Rose !*
*Peut-être fou*
*Who knows ?*

*Les vents violents*
*Les lents violons*
*Pour tombeau le vent*
*Allons allons !*


*Encore faut-il*
*Que mon haut style*
*Ne soit ni hostile*
*Ni futile (plaît-il ?)*
*Je te hais dans le rocking-chair*
*Où tu passes ta vie entière*
*A te bercer d'illusions*
*Sans jamais demander pardon*

*Du cœur la voix*
*Entendue maintes fois*
*Mon cœur hors-la-loi*
*Avec fracas se bat*


*Dans Venise*
*Ma rose précieuse*
*Ma précise Denise*
*Me dit rieuse*
*Au diable ta hantise !*

*Ecoutant leurs airs mélodieux*
*Tu te mêles aux dieux*
*Saison des miracles à foison ?*
*Est-ce folie est-ce raison ?*




*Sous un ciel ruisselant d'étoiles*
*Souvenances en rafales*
*Pauvre je vais le sans battant*
*Le cœur flagrant*

*Ma Laure essentielle*
*Sur toi l'eau ruisselle,*
*De l'or tu recèles*
*Is there someone else ?*




*Je me vis défunt*
*Aux pires défauts*
*Parfois*
*Je ne suis pas un saint*
*Je frémis soudain*

*Mauvaises habitudes*
*De tous temps,*
*Tremblant vacillant*
*Mauvaises hébétudes*




*Chut ! Bruissement d'Elle,*
*L'entends-tu la vois-tu ?*
*Silencieuse et nue,*
*Conquérante et mortelle*

*Quelles sont tes armes*
*Pour combattre ?*
*Quelles sont ces larmes*
*Qui coulent âpres ?*




*Mon cœur bat la breloque,*
*Te voir est un choc,*
*Quoi ? Si j'débloque ?*
*Mais dis tu te moques !*
*Mon âme je vends contre un bock,*
*Allez danse sur ce rock,*
*Dieu quelle époque !*

*D'aucuns disent*
*Qu'après 2 ou 3 gin-fizz*
*Et l'aide de ma Muse,*
*Que mon génie fuse,*
*Ah ! Mille excuses !*
*Serait-ce une ruse ?*


*Les mots rageurs*
*Les mots rougis,*
*Les mots vendeurs*
*L'hémorragie*

*Dieu dans le trou du souffleur*
*Fait de bien mauvais rêves,*
*En proie à quelque fièvre,*
*O qui vive et qui meurt ?*




*La mer referma le soleil ivre,*
*Comme un immense livre,*
*Tout alentour se tut,*
*Vient la nuit inconnue*

*Quand le diable s'en mêle*
*Alors tout éperdu,*
*Quand le diable s'emmêle*
*Il s'en va vaincu*

*De ton chagrin l'ampleur,*
*Je te revois en pleurs,*
*O Gladys, ta pâleur*
*DE quoi as-tu donc peur ?*



*Voic un petit poème*
*Haut comme trois pommes*
*Où j'évoque les hommes,*
*Où règne l'amour-haine,*
*Voici un petit poème*
*Où Liz sera ma Reine*

*Un sort fatal*
*Pour un amour futile,*
*La quitter faut-il ?*
*A l'anglaise je file*




*Né au mois d'août*
*Mon émoi doux*
*Déjà out,*
*Fou je l'avoue*

*C'est la faute
Au vieux Faust,
M'a pris pour un autre,
Il était mon hôte*

*Mon cœur qui bat
Avec fracas
Braque et fantasque
Ce cœur foutraque*

*Dis mais tu meurs ?*
*Non je demeure*
*Allons c'est l'heure*
*Oublie tes peurs*



*Cela va sans dire*
*Cela vaut cent rires,*
*Et le diable de médire !*
*Et les dieux de maudire !*

*Je ne trouve pas la rime*
*Qui m'anime et culmine,*
*Rime intime rime ultime*
*Dieu que cela me mine !*
*Je demeure anonyme*




*J'erre l'âme livide*
*Sous ce ciel si vide,*
*Sans étoile pour guide,*
*Triste est mon cœur languide*

*Chuis un moins que rien*
*Buvant du mauvais vin*
*De troquets en bars,*
*En poche pas un liard*



*Il est mort et archi-mort,*
*On dirait qu'il dort encore,*
*Elle le rate pas la camarde*
*Toujours à monter la garde*

*Belle parmi les belles*
*Estelle se sent des ailes*
*Un amour éternel ?*
*Des trésors elle recèle*




*Il y fera bien sombre*
*Au-dedans de ma tombe*
*Sûr j'ferai plus le fier*
*Alors 6 pieds sous terre*

*Je est un hôte,*
*A qui la faute ?*
*J'en prends note,*
*Allons ! A d'autres !*




*Effusion de sens*
*Eté ou renaissance,*
*J'ai perdu la folie,*
*Obsédant ennemi,*
*Adieu déraison !*

*En proie à la mort,*
*Près de Liz qui dort,*
*Loin des châtiments,*
*Pour tombeau le vent*


*Gladys me répond*
*On se correspond,*
*Elle se dérobant,*
*Sa foi se répand*

*T'aurais pas cent balles*
*Ma si belle Sybille ?*
*Tu joues des cymbales*
*Dieu quel symbole !*
*Mais elle s'emballe ?*




*Prendre garde*
*Au Diable malade,*
*Impensable,*
*Ce coquin s'attarde*
*La mine blafarde,*
*Copain de la camarde,*
*Lui avec ses fables,*
*Lui et ses tocades*

*J'aime ce qui ne prouve rien, ainsi : les fantômes, la paix, un oiseau, un éveil profond, un square. Egalement un cœur flagrant, du miel, une colère, une mendiante, les vagues, l'éternité, une idée en l'air, un rire lointain et aussi : l'ennui, une clope, Dieu, un Blues, un désir fugace, une ombre, la pluie, un peu de mystère ; j'aime aussi : 2 ou 3 vers de Dante, une étoile, le hasard, un songe, une prière pourquoi pas ? le feu, j'aime aussi un sourire, une carte postale.*

*J'aime ce qui ne prouve rien, ainsi : les fantômes, la paix, un oiseau, un éveil profond, un square. Egalement un cœur flagrant, du miel, une colère, une mendiante, les vagues, l'éternité, une idée en l'air, un rire lointain et aussi : l'ennui, une clope, Dieu, un Blues, un désir fugace, une ombre, la pluie, un peu de mystère ; j'aime aussi : 2 ou 3 vers de Dante, une étoile, le hasard, un songe, une prière pourquoi pas ? le feu, j'aime aussi un sourire, une carte postale.*

*Ah oui, tu t'marres ?*
*A c'que j't'narre,*
*Dire est tout un art,*
*C'est bonnard, veinard,*

*J'largue les amarres*
*Allez ! Ciao, j'm'barre !*




*Quoi ! Si j'accuse ?*
*J'ai mille excuses*
*De créer sans Muse,*
*C'est là ma ruse !*

*Dans c'bar miteux*
*Y'a l'mytho*
*Qu'est pas heureux,*
*Un vieux poivrot*
*Qui parle trop*
*Qui boit trop,*
*Un coup d'gnôle*
*Et ça rigole !*
*Moi chuis l'artiste,*
*C'lui qui s'en fiche,*
*Qui sait des choses*
*Et jamais n'ose,*
*Et puis y'a c'te fille*
*Nommée Daisy*
*Je l'aime bien*
*Elle m'l'rend bien*
*(reprise) Dans c'bar miteux*
*Y'a l'mytho*
*Mon cœur en panne,*
*En pleine déveine,*
*Mon âme en peine,*
*Dieu me damne*

*Absent*
*Face au néant*
*Ma fatigue*
*Face au vide,*
*Si avide*
*Et le rien*
*Qui m'étreint*


*Un sort fatal*
*Pour un amour futile,*
*Quitter Liz, faut-il ?*
*A l'anglaise, je file*

*Marre marre*
*Des cauchemars !*
*Encore et encore*
*Des cache-morts !*
*O les jours radieux*
*Des jours de radio*
*Tu en as tant rêvé !*
*Comme tu irradiais*
*Sur ses airs géniaux,*
*Ceux en La Ré Do*
*Si lointains si vieux !*
*Tu auras cent ans*
*Mieux que Satan,*
*Cela s'étend*
*Cela s'entend*

*Rester digne*
*Malgré la guigne,*
*Malgré les signes,*
*Qui me désignent*
*Ma part maligne*


*De ton chagrin l'ampleur*
*Je te revois en pleurs,*
*O Gladys ta pâleur !*
*DE quoi donc as-tu peur ?*

*Quand le diable s'en mêle*
*Alors tout éperdu,*
*Quand le diable s'emmêle,*
*Il s'éloigne vaincu*


*Schumann*
*(son âme)*
*Dimanche*
*(page blanche)*
*La pluie*
*(tout est dit)*

*Je caresse ta joue*
*Ca n'est qu'un jeu,*
*Ca me met en joie*
*Mais quoi ?*